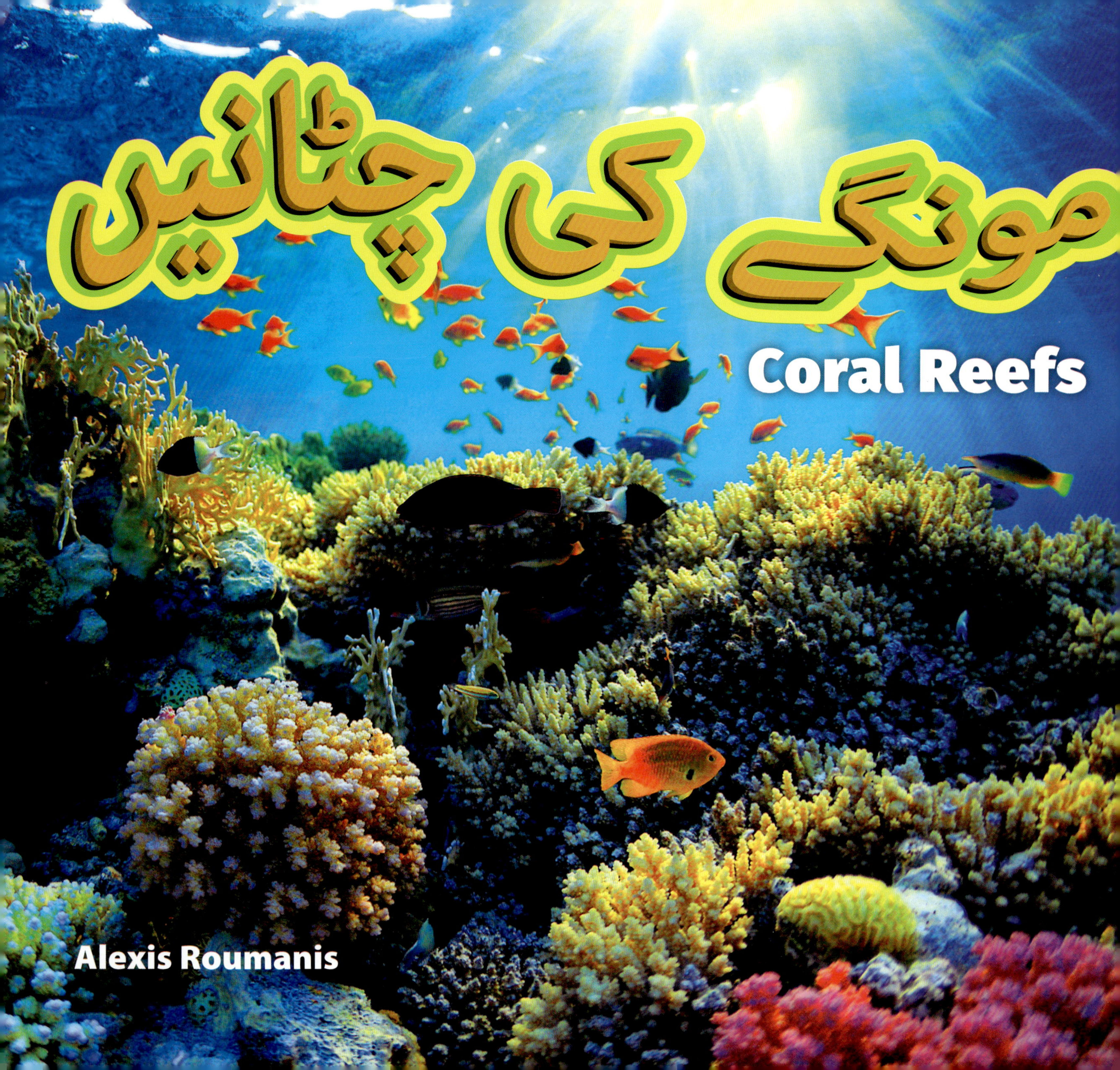

مونگے کی چٹانیں
Coral Reefs
Alexis Roumanis

Coral Reefs

CONTENTS

المحتویات

یہ مونگے کی چٹان ہے۔
مونگے کی چٹان ننھے ننھے جانوروں سے
بنی بڑی سمندری ہیئت ہوتی ہے۔

This is a coral reef. A coral reef is a large ocean structure made by tiny animals.

5

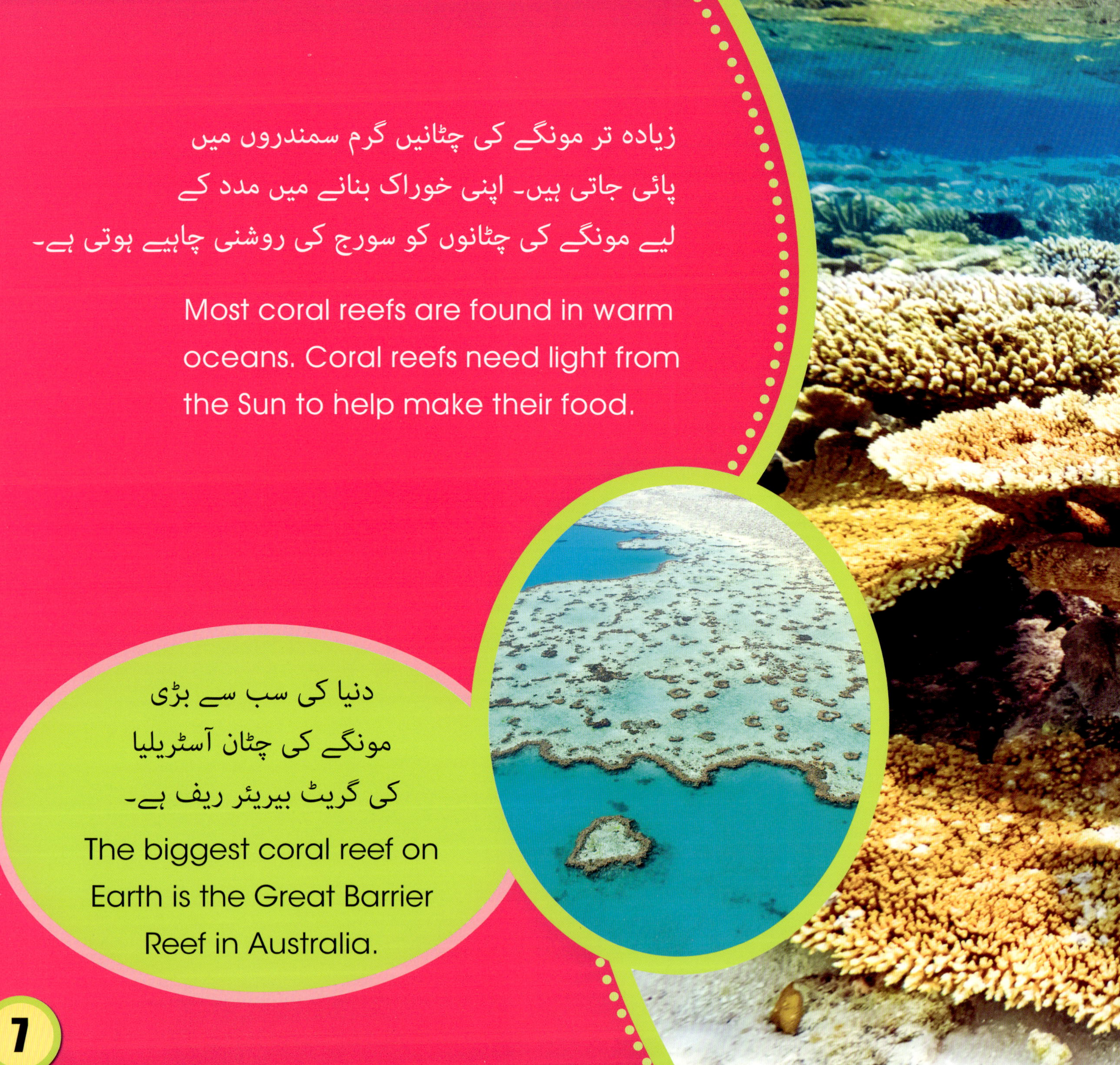

زیادہ تر مونگے کی چٹانیں گرم سمندروں میں
پائی جاتی ہیں۔ اپنی خوراک بنانے میں مدد کے
لیے مونگے کی چٹانوں کو سورج کی روشنی چاہیے ہوتی ہے۔

Most coral reefs are found in warm oceans. Coral reefs need light from the Sun to help make their food.

دنیا کی سب سے بڑی
مونگے کی چٹان آسٹریلیا
کی گریٹ بیریئر ریف ہے۔

The biggest coral reef on Earth is the Great Barrier Reef in Australia.

مونگے کی چٹانیں کورل پولپس
کہلانے والے بہت سے ننھے
جانوروں کے ڈھانچوں سے بنتی
ہیں۔ کورل پولپس کے ڈھانچے پتھر
کی طرح سخت ہوتے ہیں۔

Coral reefs are made with the skeletons of many small animals called coral polyps. Coral polyps have skeletons that are hard as rock.

1500 سے زیادہ اقسام کی مچھلیاں گریٹ بیرئر ریف میں رہتی ہیں۔

More than 1,500 different kinds of fish live in the Great Barrier Reef.

کراؤن آف

تھورنز ستارہ مچھلی

مونگے کھاتی ہے۔

Crown-of-thorns starfish eat corals.

کلاؤن مچھلی وہ واحد مچھلی ہے جسے

سمندری اینیمونز ڈنگ نہیں مار سکتے۔

Clownfish are the only fish that can not be stung by sea anemones.

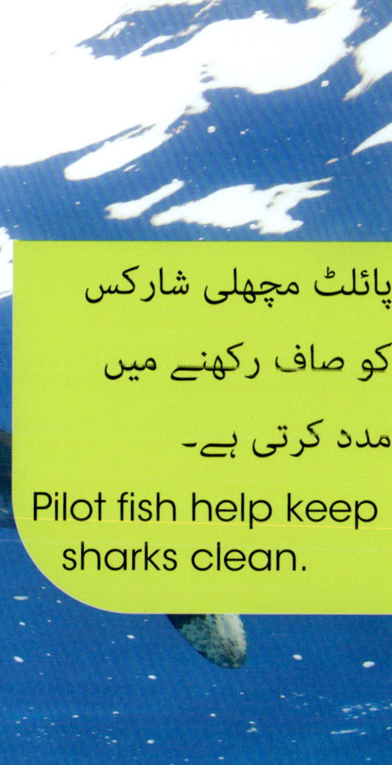

پائلٹ مچھلی شارکس

کو صاف رکھنے میں

مدد کرتی ہے۔

Pilot fish help keep sharks clean.

تتلی مچھلی مونگے کی چٹانوں

کی شارکس کی خوراک ہیں۔

Butterflyfish are food for reef sharks.

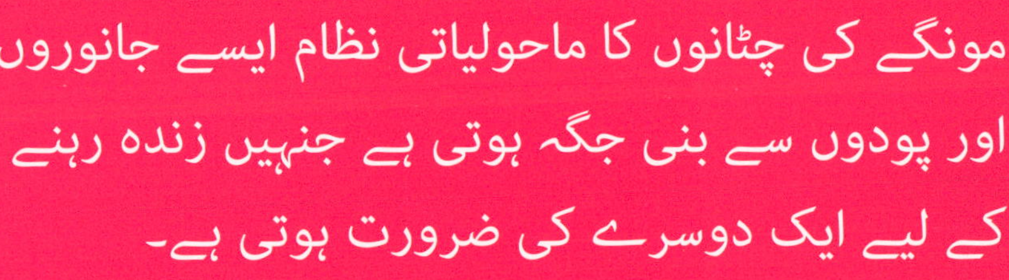

مونگے کی چٹانوں کا ماحولیاتی نظام ایسے جانوروں اور پودوں سے بنی جگہ ہوتی ہے جنہیں زندہ رہنے کے لیے ایک دوسرے کی ضرورت ہوتی ہے۔

A coral reef ecosystem is a place made up of animals and plants that need each other in order to live.

گوبی مچھلی اور جھینگا ایک دوسرے کو شکاریوں سے محفوظ رکھتے ہیں۔

Goby fish and snapping shrimp keep each other safe from predators.

پودے مونگے کی چٹانوں کے ماحولیاتی نظام کا اہم حصہ ہوتے ہیں۔ یہ وہاں رہنے والے جانوروں کو غذا اور پناہ فراہم کرتے ہیں۔

Plants are an important part of a coral reef ecosystem. They provide food and shelter for the animals that live there.

مونگا کائی گلابی ببل گم کی طرح دکھائی دیتی ہے اور مونگے کی چٹانوں کو آپس میں جوڑنے میں مدد دیتی ہے۔

Coralline algae look like pink bubble gum and help glue coral reefs together.

سمندری کائی کی 500 سے زیادہ اقسام گریٹ بیریئر ریف میں رہتی ہیں۔

More than 500 kinds of seaweed live on the Great Barrier Reef.

سمندری گھاس بہت سے سمندری جانوروں کے لیے غذا اور پناہ گاہ کا کام کرتی ہے۔

Seagrass acts as both food and shelter for many marine animals.

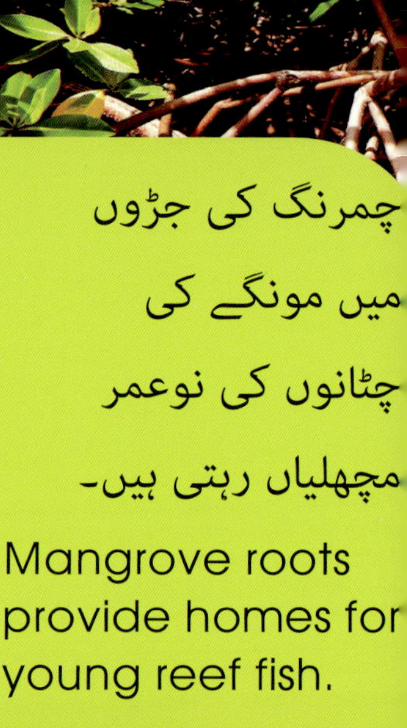

چمرنگ کی جڑوں میں مونگے کی چٹانوں کی نوعمر مچھلیاں رہتی ہیں۔

Mangrove roots provide homes for young reef fish.

سمندری اینیمونز جزوی طور پر پودے اور جزوی طور پر جانور ہوتے ہیں۔

Sea anemones are part plant and part animal.

سمندری زیتون سانپ رات
کو خوراک تلاش کرتا ہے۔
The olive sea snake looks for food at night.
مونگے کی چٹانوں میں چھوٹے
سوراخوں سے خوراک چننے کے
لیے ہاکس بل سمندری کچھوں
کی تنگ سی چونچ ہوتی ہے۔
Hawksbill sea turtles have a narrow beak to pick food out of small holes in coral reefs.
کچھ مونگے کی چٹانوں کے
کیکڑے مونگوں کے جسم کے
پیراسائٹس کھا کر ان کے لیے
مددگار ہوتے ہیں۔
Some reef crabs help corals by eating parasites off of them.

مختلف اقسام کے بہت سے جانور
مونگے کی چٹانوں میں اپنے گھر
بناتے ہیں۔

Many different animals make their homes in coral reefs.

فرشتہ مچھلی مونگے کی
چٹانوں میں چھپ سکتی ہے
کیونکہ ان کے چھلکوں کا
رنگ مونگے جیسا ہوتا ہے۔

Angelfish can hide in coral reefs because their scales are the same colors as corals.

اسفنج جانور ہوتے ہیں جو
مونگے کی چٹانوں کے دوسرے
جانوروں کی خوراک بنتے ہیں۔

Sponges are animals that make food for other reef animals.

گریٹ بیریئر ریف اتنا بڑا ہوتا ہے کہ
اسے خلا سے دیکھا جا سکتا ہے۔

The Great Barrier Reef is large enough to be seen from space.

مونگے کی حاری چٹانوں کے چمکتے
رنگ کائی کی وجہ سے ہوتے ہیں۔

Algae give tropical corals their bright colors.

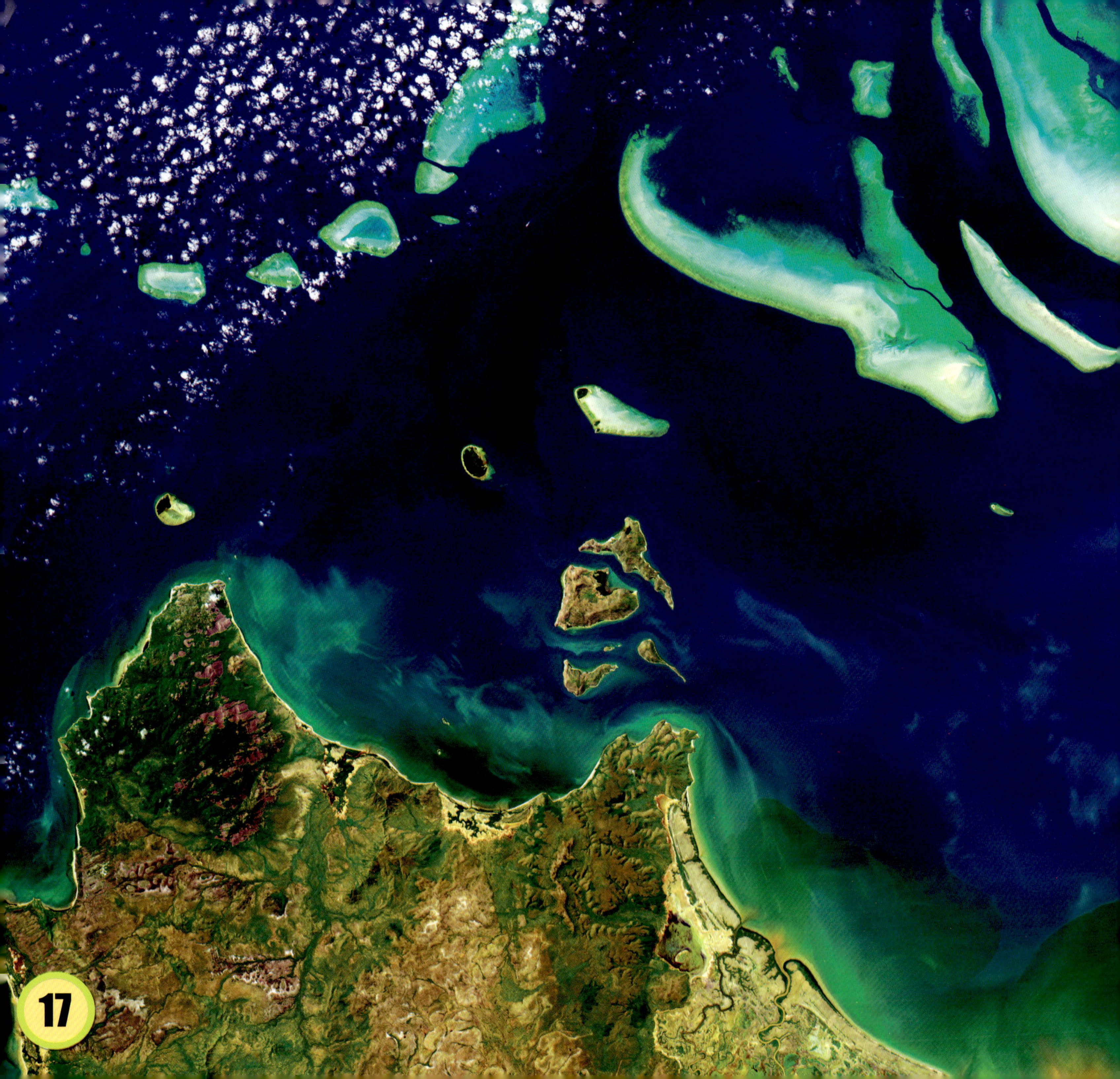
17

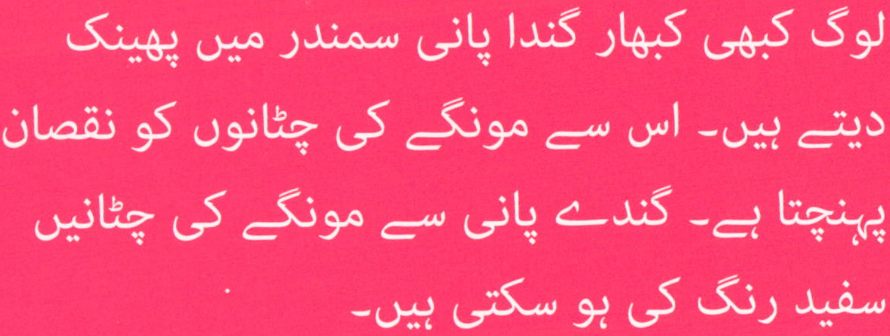

لوگ کبھی کبھار گندا پانی سمندر میں پھینک دیتے ہیں۔ اس سے مونگے کی چٹانوں کو نقصان پہنچتا ہے۔ گندے پانی سے مونگے کی چٹانیں سفید رنگ کی ہو سکتی ہیں۔

People sometimes dump dirty water into the ocean. This hurts coral reefs. Dirty water can make corals turn white.

سائنسدان سمجھتے ہیں کہ مونگے کی چٹانوں کے کچھ جانور اور پودے ادویات میں استعمال ہو سکتے ہیں۔

Scientists think some coral reef animals and plants may be used in medicine.

غوطہ خور اکثر مونگے کی چٹانوں
کو چھونا چاہتے ہیں۔ مونگے کی
چٹانوں کو چھونا انہیں نقصان پہنچا
سکتا ہے۔

Divers often want to touch coral reefs. Touching corals can damage them.

غوطہ خوری کی گائیڈز غوطہ
خوروں کو مونگے کی چٹانوں کو
نہ چھونے کی ہدایت کرتی ہیں۔

Diving guides ask divers not to touch coral reefs.

Coral Reefs

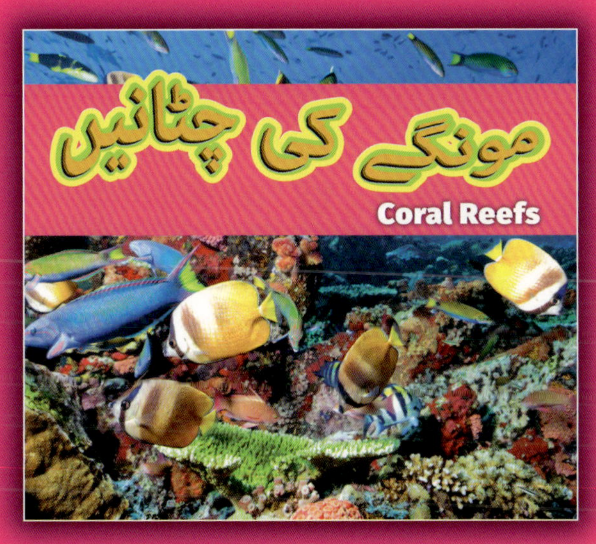

is available in
12 more
bilingual versions.

Choose your preferred language for a unique reading experience!

Published by Lightbox Learning Inc.
276 5th Avenue, Suite 704 #917
New York, NY 10001
Website: www.openlightbox.com

Library of Congress Control Number: 2024939620

ISBN 979-8-8745-1683-3 (softcover)

Printed in Guangzhou, China
1 2 3 4 5 6 7 8 9 0 28 27 26 25 24

082024
102923

Designer: Mandy Christiansen
English Editor: Sara Cucini
Urdu/English Translation: Absolute Translations

The publisher acknowledges iStock and Getty Images as the primary image suppliers for this title.

24